Ein Glücksgedanke für jeden Tag

Ein Glücksgedanke für jeden Tag

Herausgegeben
von Janine Casevecchie

Aus dem Französischen
von Stephanie Singh

KNESEBECK

1

Das Gipfelglück ist nur eine Wunschvorstellung der unten Gebliebenen.

Reinhold Messner
(Italienischer Bergsteiger und Autor, geb. 1944)

2

Das Glück ist eine reife Frucht – man muss sie nur pflücken.

Chinesisches Sprichwort

3

Den Genuss sammelt man, die Freude erntet man, und das Glück sät man.

Siddharta Gautama, genannt Buddha
(Philosoph und Begründer des Buddhismus, ca. 536–480 v. Chr.)

4

Mit dem Glück ist es
wie mit den Uhren:
Die kompliziertesten
gehen am seltensten falsch.

Nicolas Chamfort
(Französischer Moralist,
1741–1794)

5

Das Ziel ist es, glücklich zu sein.
Man erreicht es nur langsam und
muss sich täglich darum bemühen.
Ist man glücklich, so bleibt noch
viel zu tun: nämlich die anderen
zu trösten.

Jules Renard
(Französischer Schriftsteller, 1864–1910)

6

Das Glück ist eine Seifenblase. Es wechselt ständig die Farbe, wie eine Iris, und platzt, wenn man es berührt.

Honoré de Balzac

(Französischer Schriftsteller, 1799–1850)

7

Das Glück besteht darin, dass man da steht, wo man seiner Natur nach hingehört; selbst die Tugend- und Moralfrage verblasst daneben.

Theodor Fontane

(Deutscher Schriftsteller, 1819–1898)

8

Das Staunen ist ein Glück,
und ist nicht auch das
Träumen ein Glück?

Edgar Allan Poe
(Amerikanischer Schriftsteller, 1809–1849)

9

**Das Glück ist die Liebe,
die Lieb' ist das Glück,
Ich hab' es gesagt und
nehm's nicht zurück.**

Adelbert von Chamisso
(Deutsch-französischer
Naturforscher und
Dichter, 1781–1838)

10

Das Glück ist mit Müdigkeit und Muskelkater billig erkauft.

Leo Tolstoi

(Russischer Schriftsteller, 1828–1910)

11

Glück hat, wer es zu genießen weiß.

François de la Rochefoucauld
(Französischer Moralist, 1613–1680)

12

Dem Wagemutigen hilft das Glück!

Vergil

(Römischer Dichter, 70–19 v. Chr.)

13

Wenn ich an all die Bücher denke, die ich noch lesen kann, so weiß ich, dass ich glücklich sein werde.

Jules Renard

(Französischer Schriftsteller, 1864–1910)

14

Je glücklicher man ist,
umso weniger achtet
man auf sein Glück.

Alberto Moravia
(Italienischer Schriftsteller, 1907–1990)

15

Das Leben des Menschen ist eine Jagd nach dem Glück. Ein großer Teil davon ist der Genuss.

Jean Giono

(Französischer Schriftsteller, 1895–1970)

16

Wenn der Genuss existiert und wir nur durch das Leben genießen können, dann ist das Leben ein großes Glück.

Giacomo Casanova

(Italienischer Abenteurer und Schriftsteller, 1725–1798)

17

Den Samen legen wir in ihre Hände,
ob Glück, ob Unglück aufgeht,
lehrt das Ende.

Friedrich Schiller
(Deutscher Schriftsteller, 1759–1805)

18

Die Weltgeschichte ist nicht der Boden des Glücks. Die Perioden des Glücks sind leere Blätter in ihr.

Georg Wilhelm Friedrich Hegel
(Deutscher Philosoph, 1770–1831)

19

Das Glück liegt nicht
in den Ereignissen.
Es liegt in den Herzen
jener, die sie durchleben.

André Maurois
(Französischer Schriftsteller, 1885–1967)

20

Ihr fragt mich, was hier auf Erden das höchste Glück ist? Dem Gesang eines kleinen Mädchens zuzuhören, das euch nach dem Weg gefragt hat und nun fortgeht.

Li Bai

(Chinesischer Dichter, 701–762)

21

Ein Glück, das man nie gekannt,
zu entbehren, tut nicht weh,
weh aber, ein Glück zu verlieren,
an das man gewöhnt war.

Thukydides

(Griechischer Historiker, ca. 460–396 v. Chr.)

22

Jene, die viel lachen, sind glücklicher als jene, die wenig lachen, denn Fröhlichkeit vertreibt die Ratten und sorgt für gute Stimmung.

Giacomo Casanova
(Italienischer Abenteurer
und Schriftsteller, 1725–1798)

23

Schönheit ist nichts anderes als ein Glücksversprechen.

Stendhal

(Französischer Schriftsteller, 1783–1842)

24

Ein langes Glück verliert schon allein durch seine Dauer.

Georg Christoph Lichtenberg

(Deutscher Naturforscher und Schriftsteller, 1742–1799)

25

Es gibt Regeln für das Glück: denn für den Klugen ist nicht alles Zufall. Die Bemühung kann dem Glücke nachhelfen.

Baltasar Gracián y Morales
(Spanischer Schriftsteller und Philosoph, 1601–1658)

26

Man muss versuchen, glücklich zu sein, und sei es nur, um als Vorbild zu wirken.

Jacques Prévert

(Französischer Dichter, 1900–1977)

27

Ein Narr hat Glück in Masse,
Wer klug, hat selten Schwein.

Wilhelm Busch
(Deutscher Zeichner und Dichter, 1832–1908)

28

Einen Schuss Wüste
braucht der Mensch –
um des Glücks
der Oase willen.

Martin Kessel
(Deutscher Schriftsteller, 1901–1990)

29

Er hat, dachte ich, eine gute Zigarre zu seinem Kaffee. Diese Verbindung ist äußerst behaglich, und das Behagen ist immerhin eine mindere Form des Glücks. Mit der muss man sich unter Umständen begnügen.

Thomas Mann

(Deutscher Schriftsteller, 1875–1955)

30

Es ist das wahre Glück an keinen Stand gebunden.

Friedrich von Hagedorn
(Deutscher Dichter, 1708–1754)

31

Was das größte Glück für mich ist? Mit dem Hintern fest im Sattel meines Andalusiers zu sitzen, die Nase im frischen Morgenwind, und den verschneiten Pyrenäen am Horizont. Und mein Labrador, wenn er mit hängender Zunge lächelt.

Philippe Noiret

(Französischer Schauspieler,1931–2006)

32

Glück beginnt mit einem ruhigen Frühstück.

W. Somerset Maugham
(Englischer Schriftsteller, 1874–1965)

33

Fast überall wo es Glück gibt, gibt es Freude am Unsinn.

Friedrich Nietzsche
(Deutscher Philosoph, 1844–1900)

34

Die beiden größten Geheimnisse des Glücks sind die Freude und das Vergessen.

Alfred de Musset

(Französischer Schriftsteller, 1810–1857)

35

Geben und nehmen kann uns das Glück, was wir hoffen und lieben; aber die Hoffnung beherrscht, so wie die Liebe, das Glück.

Friedrich Ludewig Bouterweck
(Deutscher Philosoph und Schriftsteller, 1766–1828)

36

Das Glück liegt darin, es zu suchen.

Jules Renard
(Französischer Schriftsteller, 1864–1910)

37

Bade einige Jahre lang ein oder zwei Mal pro Woche in Musik, und du wirst sehen, dass die Musik für die Seele das ist, was das Badewasser für den Körper ist.

Oliver Wendell Holmes
(Amerikanischer Arzt und Schriftsteller, 1809–1894)

38

Das Glück ist kein großer Diamant, sondern ein Mosaik aus kleinen, harmonisch angeordneten Steinen.

Alphonse Karr
(Französischer Journalist und Schriftsteller, 1808–1890)

39

Glück ist zuerst und vor allen Dingen das stille, frohe, sichere Gefühl der Schuldlosigkeit.

Henrik Ibsen

(Norwegischer Schriftsteller, 1828–1906)

40

Es gibt keine größere Freude als jene,
die man nicht erwartet.

Sophokles

(Griechischer Dramatiker, 496–404 v. Chr.)

41

Glück und Unglück sind zwei Zustände, deren äußerste Grenzen wir nicht kennen.

John Locke

(Englischer Philosoph, 1632–1704)

42

Positives Glück gibt es auf Erden nicht. Irdisches Glück heißt: Das Unglück besucht uns nicht zu regelmäßig.

Karl Gutzkow

(Deutscher Schriftsteller, 1811–1878)

43

Das Glück ist ein fragiles Gleichgewicht zwischen dem, was man ist, und dem, was man hat.

Anonym

44

Was können wir mehr verlangen, als einen Augenblick lang glücklich zu sein?

Milan Kundera

(Tschechischer Schriftsteller, geb. 1929)

45

Mich interessiert nicht
das Glück aller Menschen,
sondern das jedes Einzelnen.

Boris Vian
(Französischer Schriftsteller, 1920–1959)

Menschenherz was ist dein Glück?
Ein rätselhaft geborner
Und, kaum gegrüßt, verlorner,
Unwiederholter Augenblick!

Nikolaus Lenau
(Österreichisch-deutscher Dichter, 1802–1850)

47

Ohne Rechtschaffenheit ist es nicht leicht, in äußerem Glück die Bescheidenheit zu wahren.

Aristoteles

(Griechischer Philosoph, 384–322 v. Chr.)

48

Ein glücklicher Mensch ist wie ein Boot, für das der Wind günstig steht.

Chinesisches Sprichwort

49

Der Tag, an dem man
eine Entscheidung trifft,
ist ein glücklicher Tag.

Japanische Weisheit

50

Es gibt nur eine Pflicht: glücklich zu sein.

Denis Diderot

(Französischer Philosoph und Schriftsteller, 1713–1784)

51

**Wer Ärger hat, erfährt Gnade;
wer glücklich ist, wird geprüft.**

Zenrin Kushu

(Buddhistischer Denker, 15. Jh.)

52

**Zu lieben ist Segen,
geliebt zu werden Glück.**

Leo Tolstoi
(Russischer Schriftsteller, 1828–1910)

53

Glück nennen wir eine Abfolge von Umständen, die Freude ermöglichen.

André Gide

(Französischer Schriftsteller, 1869–1951)

54

Stellen sie sich vor, Sie selbst wären das Glück. Würden Sie dann gerne bei sich vorbeikommen?

Eckart von Hirschhausen
(Deutscher Arzt, Kabarettist und Schriftsteller, geb. 1967)

55

Glück ist die Dauer des Vergänglichen.

Jean Bertrand Pontalis

(Französischer Philosoph, geb. 1924)

56

Wie sich Verdienst und Glück verketten,
Das fällt den Toren niemals ein;
Wenn sie den Stein der Weisen hätten,
Der Weise mangelte dem Stein.

Johann Wolfgang von Goethe
(Deutscher Schriftsteller, 1749–1832)

57

**Glück ist Zufall;
Glücklichsein ist Berufung.**

Alexandru Vlahuta
(Rumänischer Schriftsteller, 1858–1919)

58

**Das Glück gibt es nicht.
Es gibt nur das Bedürfnis,
es zu erlangen.**

Anton Tschechow
(Russischer Schriftsteller,
1860–1904)

59

Mit dem Netz der Feigheit werden nie gefischt des Glückes Störe.

Finnisches Sprichwort

60

**Je mehr man gibt,
umso mehr bleibt einem.**

Romain Gary
(Französischer Schriftsteller, 1914–1980)

61

Das Glück ist ein Kristall, der genau in dem Moment zerbricht, in dem er am stärksten leuchtet.

Türkisches Sprichwort

62

Selten kommen großes Glück und Verstand zusammen.

Kroatisches Sprichwort

63

Ein böses Maul wird kein Glück haben auf Erden.

Psalm 140,12

64

Um auf der Welt glücklich zu sein, muss man bestimmte Bereiche der eigenen Seele gänzlich einfrieren.

Nicolas Chamfort

(Französischer Moralist, 1741–1794)

65

Das Antlitz der Natur ist ein Ausdruck der Andacht. Wie die Gestalt Jesu steht sie da mit geneigtem Haupt und den Händen über der Brust gefaltet. Der glücklichste Mensch ist derjenige, der von der Natur die Verehrung lernt.

Ralph Waldo Emerson (Amerikanischer Schriftsteller, 1803–1882)

Erfolg ist, das zu erreichen, was man will. Glück ist, das zu schätzen, was man bekommt.

H. Jackson Brown
(Amerikanischer Schriftsteller, geb. 1948)

67

Das ist der glücklichste Mensch, der das Ende seines Lebens mit dem Anfang in Verbindung setzen kann.

Johann Wolfgang von Goethe
(Deutscher Schriftsteller, 1749–1832)

68

Du kannst die Vögel der Trauer nicht daran hindern, über deinen Kopf hinweg zu fliegen. Aber du kannst sie daran hindern, ihr Nest in deinen Haaren zu bauen.

Chinesisches Sprichwort

69

Den Guten nenne ich glücklich. Wer aber Unrecht tut, den nenne ich unglücklich.

Platon

(Griechischer Philosoph, ca. 427–347 v. Chr.)

70

Das Glück ist die Summe allen Unglücks, das man nicht hat.

Marcel Archard

(Französischer Dramatiker, 1899–1974)

71

**Glücklich ist, wer vergisst,
was nicht mehr zu ändern ist.**

Johann Strauß (Sohn)
(Österreichischer Komponist, 1825–1899)

72

Will man ein glückliches Leben führen, so darf man den Mitmenschen nur abverlangen, was sie geben können.

Tristan Bernard

(Französischer Dramatiker, 1866–1947)

73

Es gibt bei beiden Geschlechtern solche Raub- und Wechseltiere, die nur dann glücklich sind, wenn sie erst ein fremdes Glück zerstört haben.

Gottfried Keller

(Schweizer Schriftsteller, 1819–1890)

74

Es ist nicht schwer, unglücklich zu sein, aber es ist schwer, glücklich zu sein. Doch dies ist kein Grund, es nicht zu versuchen – im Gegenteil: ein Sprichwort besagt, alle schönen Dinge seien schwierig.

Alain

(Französischer Essayist, 1869–1951)

75

Glücklich, wer, was er liebt, tapfer zu verteidigen wagt.

Ovid

(Römischer Dichter, 43 v. Chr.–17 n. Chr.)

76

**Man braucht nicht viel,
um eine Welt zu schaffen.
Man braucht nur Glück,
nichts anderes.**

Paul Éluard

(Französischer Dichter, 1895–1952)

77

Nur glückliche Menschen können ganz gut sein, und das ist das Schlimmste an dem Stachel des Unglücks, dass er zugleich vergiftet ist.

Karl Emil Franzos

(Österreichischer Schriftsteller, 1848–1904)

78

Es stirbt der Glücklichste wünschend.

Ewald Christian von Kleist
(Deutscher Dichter und Offizier, 1715–1759)

79

Glück ist, jemanden zu haben, den man verlieren könnte.

Philippe Delerm

(Französischer Schriftsteller, geb. 1950)

Das Glück findet man nicht am Ziel, sondern im Duft der Blumen am Wegesrand.

Chinesisches Sprichwort

81

Glücklich, wer seinen Beruf erkannt hat. Er verlange nach keinem andern Glück!

Thomas Carlyle
(Schottischer Historiker und Essayist, 1795–1881)

82

Glückliche Umstände machen die Herzen übermütig.

Seneca d. J.
(Römischer Schriftsteller, ca. 4 v. Chr–65 n. Chr.)

83

Das Glück liegt auf dem Weg, der zu uns selbst führt.

Indisches Sprichwort

84

Unglücklich ist, wer nichts mehr begehrt! Man freut sich weniger an dem, was man bekommt, als an dem, was man erhofft.

Jean-Jacques Rousseau
(Schweizer Philosoph
und Schriftsteller, 1712–1778)

85

Ist dir die Einsamkeit gute Gesellschaft, dann Glücklicher, zähle zu den Glücklichsten dich; aber verschweige dein Glück.

Friedrich Ludewig Bouterweck
(Deutscher Philosoph und Schriftsteller, 1766–1828)

86

Je glücklicher man mit den anderen ist, umso glücklicher ist man mit sich selbst.

Indisches Sprichwort

87

**Das große Glück kommt vom Himmel,
die kleinen Freuden von den Menschen.**

Chinesisches Sprichwort

An das Glück gewöhnt man sich, an das Unglück aber nicht – das ist der Unterschied.

Michel Audiard
(Französischer Drehbuchautor
und Regisseur, 1920–1985)

89

Willst du für eine Stunde glücklich sein, so betrinke dich. Willst du für drei Tage glücklich sein, so heirate. Willst du für acht Tage glücklich sein, so schlachte ein Schwein und gib ein Festessen. Willst du aber ein Leben lang glücklich sein, so schaffe dir einen Garten.

Chinesisches Sprichwort

90

Leider erkennen viele Menschen erst im Unglück, dass sie vorher glücklich waren.

Bertrand Russell
(Britischer Mathematiker und Philosoph, 1872–1970)

91

Kurz scheint das Leben dem Glücklichen, doch wer im Elend, dem scheint selbst eine Nacht unendlich lange zu währen.

Lukian von Samosata

(Syrischer Schriftsteller, 120–180)

92

Das Glück findet man nicht, sondern man macht es.

Arnaud Desjardins
(Französischer Denker, geb. 1925)

93

**Glück ist, zu träumen.
Leben ist, zu warten.**

Victor Hugo
(Französischer Schriftsteller, 1802–1885)

94

Wer sich eine Arbeit sucht, die er liebt, muss keinen einzigen Tag im Leben arbeiten.

Konfuzius
(Chinesischer Philosoph,
555–479 v. Chr.)

95

Vor dem Glück braucht man keine Angst zu haben. Es ist einfach ein glücklicher Moment, der vorübergeht.

Romain Gary

(Französischer Schriftsteller, 1914–1980)

Alles im Leben gibt kund, dass das irdische Glück bestimmt ist, vereitelt oder als eine Illusion erkannt zu werden.

Arthur Schopenhauer
(Deutscher Philosoph, 1788–1860)

97

Wenn man sich nicht verrückt macht und sich von seinen positiven Gefühlen tragen lässt, dann findet man Lösungen.

Helen Fielding

(Englische Journalistin und Schriftstellerin, geb. 1958)

Das Glück und die Natur halten unsere Rechnung immer im Gleichgewicht, nie erzeugt sie uns eine Wohltat, dass nicht gleich ein Übel käme.

Niccolò Machiavelli
(Italienischer Schriftsteller und Staatsmann, 1469–1527)

**Man muss nicht leben,
aber man muss glücklich leben.**

Jules Renard
(Französischer Schriftsteller, 1864–1910)

100

Wer es versteht, sich mit etwas zufrieden zu geben, der wird immer zufrieden sein.

Laotse

(Chinesischer Philosoph, 6–5. Jh. v. Chr.).

101

Das Leben kann kein anderes Ziel haben als das Glück: Freude. Nur dieses Ziel – Freude – ist des Lebens völlig würdig. Verzicht, das Kreuz, Hingabe des Lebens, alles für die Freude.

Leo Tolstoi

(Russischer Schriftsteller, 1828–1910)

102

Das wahre Glück
des Menschen
ist eine zarte Blume;
tausenderlei Ungeziefer
umschwirret sie;
ein unreiner Hauch
tötet sie.

Jeremias Gotthelf
(Schweizer Pfarrer und
Schriftsteller, 1797–1854)

103

Das Glück ist ein Sonnenstrahl,
der schon vom kleinsten Schatten
verdeckt wird.

Chinesisches Sprichwort

104

Die Anschauung von einem Glück, welches in einem Verharren, in einem bestimmten Zustand bestände, ist an sich falsch.

Jacob Burckhardt
(Schweizer Philosoph und Kunsthistoriker, 1818–1897)

105

**Ein Anfang ist kein Meisterstück,
Doch guter Anfang halbes Glück.**

Anastasius Grün

(Österreichischer Dichter, 1806–1876)

106

Alle Menschen machen den gleichen Fehler: Sie glauben, Glück bestünde in der Erfüllung aller Wünsche.

Leo Tolstoi

(Russischer Schriftsteller, 1828–1910)

107

Das Tal der Sorgen
ist umgeben von
Bergen des Glücks.

Erhard H. Bellermann
(Deutscher Ingenieur
und Autor, geb. 1937)

108

Das Glück des Menschen
hängt nicht so sehr von großen
und seltenen Ereignissen ab
als vielmehr von kleinen
Vorteilen im Alltag.

Benjamin Franklin
(Amerikanischer Politiker und Arzt,
1706–1790)

109

Es gibt eine Art von Glück,
die weder von anderen noch
von der Landschaft abhängt.
Nach diesem habe ich immer
gestrebt.

Jean Giono

(Französischer Schriftsteller, 1895–1970)

**Es gibt kein Glück im Wohlstand,
durch Leiden wird das Glück erkauft.**

Fjodor Dostojewski

(Russischer Schriftsteller, 1828–1881)

111

Es gibt zwei Sorten von Menschen: jene, die glücklich sein können und es nicht sind, und jene, die das Glück suchen und es nicht finden.

Arabisches Sprichwort

112

Alles Glück der Welt liegt im Unerwarteten.

Jean d'Ormesson
(Französischer Schriftsteller, geb. 1925)

113

Ich hatte noch nie Sorgen, die nicht durch eine Stunde Lektüre vertrieben worden wären.

Montesquieu
(Französischer Philosoph und Schriftsteller, 1689–1755)

114

Ein Zufriedener braucht kein Glück. Er hat es bereits.

Ernst Ferstl
(Österreichischer Lehrer und Dichter, geb. 1955)

115

Das Glück entspringt der Beachtung der kleinen Dinge; das Unglück deren Missachtung.

Liu-Hiang

(Chinesischer Philosoph, 77–6 v. Chr.)

Man muss glücklich sein, um gegen das Unglück des Universums zu protestieren.

Albert Camus
(Französischer Schriftsteller, 1913–1960)

117

Glück zieht immer noch mehr Glück an, wie ein Magnet.

Sylvia Plath

(Amerikanische Schriftstellerin, 1932–1963)

118

Nüsse schmecken sehr gut, aber man muss sie öffnen. Denkt daran, dass man im Leben keine Freude ohne ein wenig Mühe hat.

Julius Wilhelm Zincgref
(Deutscher Dichter, 1591–1635)

119

Für wie selbstsüchtig man den Menschen auch halten mag, es gibt nachweislich einige Grundlagen seines Wesens, die dazu führen, dass er sich für das Schicksal anderer interessiert, deren Glück ihm notwendig erscheint, obwohl er nichts davon hat außer dem Vergnügen, es zu sehen.

Adam Smith
(Schottischer Philosoph
und Ökonom, 1723–1790)

Das Glück liegt nicht in der Liebe, im Reichtum oder der Macht. Es besteht im Verfolgen erreichbarer Ziele – es ist nichts anderes als eine Diät!

Helen Fielding
(Amerikanische Journalistin
und Schriftstellerin, geb. 1958)

121

Alles birgt Freude, man muss nur wissen, wie man sie erlangt.

Konfuzius

(Chinesischer Philosoph,

555–479 v. Chr.)

Es gibt nichts Schöneres als den Augenblick vor einer Reise; jenen Augenblick, in dem der Horizont von Morgen uns alles verspricht.

Milan Kundera

(Tschechischer Schriftsteller, geb. 1929)

123

Hast du Glück in der Faust, so halte sie fest zu, denn es ist sehr schlüpfrig und lässt sich nicht gern wider Willen halten.

Julius Wilhelm Zincgref
(Deutscher Dichter, 1591–1635)

124

**Statt die Dornen
an den Rosenbüschen
zu sehen, sollte man
die Rosen an den
Dornbüschen sehen.**

Kenneth White
(Englischer Dichter, geb. 1936)

125

Die drei wirksamsten Medikamente sind Freude, Ruhe und eine gesunde Ernährung.

Mittelalterliches lateinisches Sprichwort

126

Geburt und Tod kann man nicht verhindern, aber man kann die Zeit dazwischen nutzen.

George Santayana
(Amerikanischer Philosoph, 1863–1952)

127

Geküsster Mund verliert nicht sein Glück, vielmehr erneuert er sich, wie es der Mond tut.

Giovanni Boccaccio

(Italienischer Schriftsteller, 1313–1375)

128

Ihr alle kennt die wilde Schwermut, die uns bei der Erinnerung an Zeiten des Glückes ergreift.

Ernst Jünger

(Deutscher Schriftsteller, 1895–1998)

129

In Wahrheit kommt es nicht auf den Weg an, sondern nur auf den Wunsch, das Ziel zu erreichen.

Albert Camus

(Französischer Schriftsteller, 1913–1960)

130

Carpe diem. (Nutze den Tag.)

Horaz

(Römischer Dichter, 65–8 v. Chr.)

131

Oft erkennen wir das Glück nicht, weil es uns in unerwarteter Gestalt begegnet.

André Gide

(Französischer Schriftsteller, 1869–1951)

132

Im endlosen Wechsel neuer Gestalten flicht die bildende Zeit den Kranz der Ewigkeit, und heilig ist der Mensch, den Glück berührt, dass er Früchte trägt und gesund ist.

Friedrich Schlegel
(Deutscher Philosoph und Schriftsteller, 1772–1829)

133

Glück strahlt zurück
wie das Licht des Himmels.

Washington Irving
(Amerikanischer Schriftsteller, 1783–1859)

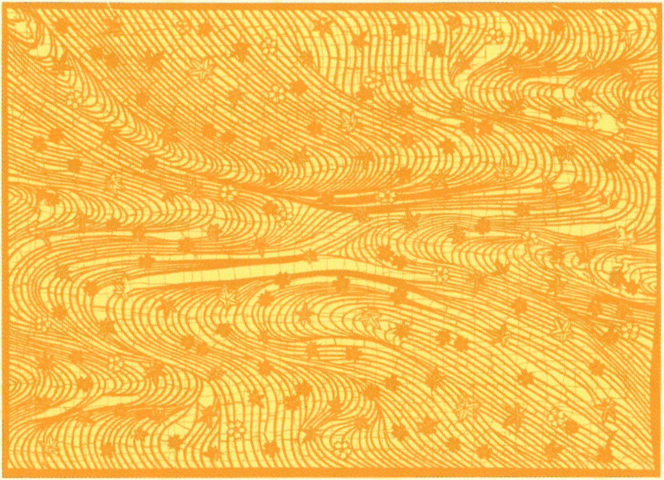

134

**Glück sollte
nicht zu leicht
und nicht zu schwer
zu erringen sein.**

Giacomo Casanova
(Italienischer Abenteurer
und Schriftsteller, 1725–1798)

135

Das Geheimnis des Glücks liegt darin, alle Wunder der Welt zu betrachten.

Paulo Coelho
(Brasilianischer Schriftsteller, geb. 1947)

136

Ein frohes Herz erleuchtet und erneuert die Welt um sich herum.

Matsumoto Jitsudo
(Buddhistischer Denker)

137

Glück ist nichts anderes
als die Übereinstimmung
eines Wesens mit dem Leben,
das es führt.

Albert Camus

(Französischer Schriftsteller, 1913–1960)

138

Im Glück steckt mehr Willen, als wir glauben.

Alain
(Französischer Essayist, 1868–1951)

139

Man muss nur warten können, das Glück kommt schon.

Paula Modersohn-Becker
(Deutsche Malerin,
1876–1907)

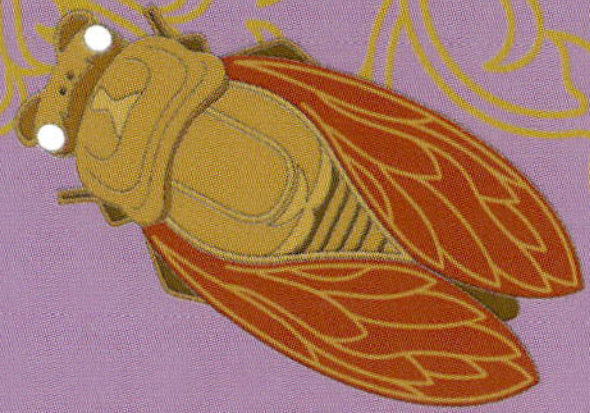

140

Man lebt, wenn man das Glück hat, mehrere Freunde zu besitzen, mit jedem Freunde ein eignes, abgesondertes Leben.

Ludwig Tieck

(Deutscher Schriftsteller, 1773–1853)

141

Das Glück ist der Vormund der Dummen.

Dänisches Sprichwort

142

Komm nicht schön zur Welt,
sondern werde glücklich geboren.

Russisches Sprichwort

143

Verzage nicht, auch bei allzu großem Leid; vielleicht ist das Unglück die Quelle eines Glücks.

Menandros

(Griechischer Komödiendichter, 341–292 v. Chr.)

144

Eine gute Köchin ist eine Fee, die Glück verteilt.

Elsa Schiaparelli
(Französische Modemacherin, 1890–1973)

145

Der Mensch lebt in einer ewigen Furcht vor seinem Glück. Es tritt ihm schon als Kind entgegen, und er entzieht sich der liebenden Gewalt, er möchte gern sich selbst versuchen und durch eigene Kraft das erringen, was ihm ein freundliches Geschick früh mit auf die Welt gab.

Sophie Bernhardt
(Deutsche Schriftstellerin, 1775–1833)

146

Immer wenn ein Mensch lächelt, verlängert er sein Leben.

Lawrence Sterne

(Englischer Schriftsteller, 1713–1768)

147

Das Unglück ist der Vater des morgigen Glücks.

Albert Cohen
(Schweizer Schriftsteller, 1895–1981)

Die Alten wussten, dass der Schlüssel zu den Träumen auch der Schlüssel zur Ausgeglichenheit und zum Glück ist. Deshalb empfahlen sie die tägliche Siesta.

Jacques Chirac

(Französischer Politiker, geb. 1932)

149

Das Unglück kann eine
Brücke zum Glück sein.

Japanisches Sprichwort

150

Das Glück ist eine Gewohnheit, die man kultivieren muss.

Englisches Sprichwort

151

Wer selbst nicht glücklich ist, kann auch andere nicht glücklich machen.

André Gide

(Französischer Schriftsteller, 1869–1951)

Wirklich glaubte ich, ungetrübtes
Glück sorglos immer zu haben:
Seht, die Hoffnung täuschte mich.

Hartmann von Aue
(Mittelhochdeutscher Dichter,
ca. 1170–1210)

153

Glück gleicht durch Höhe aus, was ihm an Länge fehlt.

Robert Frost

(Amerikanischer Dichter, 1874–1963)

154

Die Suche nach
dem Glück in
diesem Leben ist
wahres Rebellentum.

Henrik Ibsen
(Norwegischer Schriftsteller,
1828–1906)

155

Wer im Glück schwimmt, sollte aufpassen, dass er noch Grund unter den Füßen hat.

Marc Escayrol

(Französischer Schriftsteller, geb. 1957)

Glückliche Tage sind kurz.

Indisches Sprichwort

157

Nur wer nicht in der Zeit, sondern in der Gegenwart lebt, ist glücklich.

Ludwig Wittgenstein
(Österreichischer Philosoph, 1889–1951)

158

Hoffnung darf man nur in sich selbst setzen.

Vergil
(Römischer Dichter, 70–19 v. Chr.)

159

Sich glücklich fühlen können auch ohne Glück – das ist das Glück.

Marie von Ebner-Eschenbach
(Österreichische Schriftstellerin, 1830–1916)

160

Die höchste Form des Glücks ist ein Leben mit einem gewissen Grad an Verrücktheit.

Erasmus von Rotterdam
(Niederländischer Humanist,
1469–1536)

161

Glück hat Gott für seine Kreaturen nicht vorgesehen, nur Kompensationen.

Jean Giraudoux

(Französischer Schriftsteller, 1882–1944)

162

Deine erste Pflicht ist,
dich selbst glücklich zu machen.

Ludwig Feuerbach
(Deutscher Philosoph, 1804–1872)

163

Fortuna lächelt,
doch sie mag nur
ungern voll beglücken:
Schenkt sie uns einen Sommertag,
so schenkt sie uns auch Mücken.

Wilhelm Busch
(Deutscher Zeichner und Dichter, 1832–1908)

164

Die Natur ist auf ewig jung, schön und großzügig. Sie besitzt das Geheimnis des Glücks, und niemand konnte es ihr bisher entlocken.

George Sand
(Französische Schriftstellerin, 1804–1876)

165

Es gibt kein Glück von morgen. Glück ist jetzt oder nie. Es geht nicht darum, das Leben zu organisieren, zu bereichern, zu verschönern oder zu erleichtern, sondern es geht darum, jeden Moment zu genießen.

René Barjavel
(Französischer Schriftsteller, 1911–1985)

**Glück besteht in
der Übereinstimmung
der Taten mit den Worten.**

Mohandas Karamchand Gandhi

(Indischer Politiker, 1869–1948)

167

Dauerndes Glück ist Langeweile.

Oswald Spengler
(Deutscher Kulturphilosoph, 1880–1936)

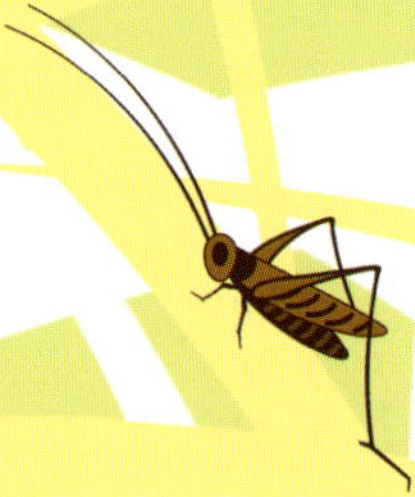

168

Glück: Talent für das Schicksal.

Novalis

(Deutscher Dichter, 1772–1801)

Für uns gibt es kein Glück. Wir müssen arbeiten; das Glück gehört unseren Nachfahren.

Anton Tschechow
(Russischer Schriftsteller, 1860–1904)

170

Glück und Unglück entspringen nur uns selbst.

Mong Tse

(Chinesischer Philosoph, 372–289 v. Chr.)

171

Der Mensch ersehnt das Glück, obwohl er sich so verhält, dass es unmöglich wird.

Augustinus

(Theologe, 345–430)

172

Wenn du einen Menschen glücklich machen willst, dann füge nichts seinen Reichtümern hinzu, sondern nimm ihm einige von seinen Wünschen.

Epikur

(Griechischer Philosoph, 341–270 v. Chr.)

173

**Heldentum ist nichts;
Glücklichsein ist viel schwieriger.**

Albert Camus

(Französischer Schriftsteller, 1913–1960)

174

Glück und Regenbogen
sieht man nicht über dem
eigenen Haus, sondern nur
über fremden.

Deutsches Sprichwort

175

Wenn jeder Mensch auf der Welt nur einen einzigen anderen Menschen glücklich machte, wäre die ganze Welt glücklich.

Johannes Mario Simmel

(Österreichischer Schriftsteller, 1924–2009)

176

Das Glück ist verschwenderisch, aber unbeständig.

Demokrit
(Griechischer Philosoph, 470–380 v. Chr.)

Man soll sich nicht vor der Langsamkeit fürchten, nur vor dem Stillstand.

Chinesisches Sprichwort

Die beiden Haupt-antriebskräfte des Universums sind Zeit und Glück.

Kurt Vonnegut
(Amerikanischer Schriftsteller, 1922–2007)

179

**In der Jugend glaubt man,
das Glück zwingen zu können.
Später zwingt man sich, an
das Glück zu glauben.**

Salvatore Quasimodo
(Italienischer Dichter, 1901–1968)

180

Die Menschen kommen durch nichts den Göttern näher, als wenn sie Menschen glücklich machen.

Cicero

(Römischer Redner und Schriftsteller, 106–43 v. Chr.)

181

Nicht die Dinge selbst, sondern nur unsere Vorstellungen über die Dinge machen uns glücklich oder unglücklich.

Epiktet
(Griechischer Philosoph, 50–138)

182

Das Glück, auf das man noch wartet, ist schöner als jenes, das man gerade genießt.

André Maurois
(Französischer Schriftsteller, 1885–1967)

183

Der Anspruch auf einen
Platz an der Sonne ist bekannt.
Weniger bekannt ist, dass sie
untergeht, sobald er errungen ist.

Karl Kraus

(Österreichischer Kritiker und Essayist, 1874–1936)

184

Altern ist nicht besonders schlimm, denn jedes Alter hat seine Freuden und Glücksmomente.

Jean-Paul Belmondo
(Französischer Schauspieler, geb. 1933)

185

Glück ist ein einsames Geschäft.

Jean Anouilh
(Französischer Dramatiker,
1910–1987)

186

**Alle Schätze der Welt
können nicht das Glück aufwiegen,
geliebt zu werden.**

Pedro Calderón de la Barca
(Spanischer Dramatiker, 1600–1681)

187

Der Mensch ist unglücklich, weil er nicht weiß, dass er glücklich ist, und nur deshalb.

Fjodor Dostojewski
(Russischer Schriftsteller, 1821–1881)

188

**Glück ist das einzige,
was sich verdoppelt,
wenn man es teilt.**

Albert Schweitzer
(Französischer Arzt und Philosoph,
1875–1965)

189

**Was hilft das Glück,
wenn man keine Freude hat!**

Jules Renard

(Französischer Schriftsteller, 1864–1910)

190

Das Glück im Leben hängt von den guten Gedanken ab, die man hat.

Marc Aurel

(Römischer Kaiser, 121–180)

191

Zukunft: jene Zeit, in der unsere Geschäfte gut gehen, unsere Freunde treu sind und unser Glück gesichert ist.

Ambrose Bierce

(Amerikanischer Schriftsteller, 1842–1914)

192

Das Glück wohnt
nicht im Besitze
und nicht im Golde,
das Glücksgefühl
ist in der Seele zu Hause.

Demokrit
(Griechischer Philosoph, 470–380 v. Chr.)

193

Freude kann auf Illusion beruhen, aber Glück nur auf Wirklichkeit.

Nicolas Chamfort
(Französischer Moralist, 1741–1794)

194

Das Charakteristikum starker Seelen ist, dass Glück und Unglück für sie nur Unterbrechungen auf dem Weg der Pflicht sind.

Daniel Pennac
(Französischer Schriftsteller, geb. 1944)

195

Die Absicht, dass der Mensch glücklich sei, ist im Plan der Schöpfung nicht enthalten.

Sigmund Freud

(Österreichischer Psychiater und Begründer der Psychoanalyse, 1856–1939)

196

Augenblicke der Freiheit. Jedes geregelte Leben hat sie, und wer sie nicht schaffen kann, der weiß nicht zu leben.

Marguerite Yourcenar

(Französische Schriftstellerin, 1903–1987)

197

Das Glück gibt es nur gratis. Man spürt es nicht durch Kontraste, man erlangt es nicht durch Willen oder Weisheit.

Jacques Chardonne
(Französischer Schriftsteller, 1884–1986)

198

Das schönste Glück des denkenden Menschen ist, das Erforschliche erforscht zu haben und das Unerforschliche zu verehren.

Johann Wolfgang von Goethe
(Deutscher Schriftsteller, 1749–1832)

199

Glück ist ganz einfach gute Gesundheit und ein schlechtes Gedächtnis.

Ernest Hemingway

(Amerikanischer Schriftsteller, 1899–1961)

200

Nicht reich sein macht glücklich, sondern reich werden.

Stendhal

(Französischer Schriftsteller, 1783–1842)

201

Glück und Unglück sind Ausdruck dessen, was wir sind, nicht dessen, was wir haben.

Arnaud Desjardins

(Französischer Schriftsteller, geb. 1925)

202

**Glück ist Liebe.
Wer lieben kann,
ist glücklich.**

Hermann Hesse
(Deutscher Schriftsteller,
1877–1962)

203

Wer ständig glücklich sein möchte, muss sich oft verändern.

Konfuzius
(Chinesischer Philosoph,
551–479 v. Chr.)

204

**Das größte Glück
nach der Liebe ist,
seine Liebe zu gestehen.**

André Gide
(Französischer Schriftsteller,
1869–1951)

205

Es gibt kein größeres Glück als den spontanen Besuch bei einem guten Freund.

Gao Xingjian
(Französischer Schriftsteller, geb. 1940)

206

Die Tür zum Glück geht nach außen auf – wer sie »einzurennen« versucht, der verschließt sie nur.

Søren Kierkegaard
(Dänischer Theologe und Philosoph, 1813–1855)

207

Die Aufhebung der Religion als des illusorischen Glücks des Volkes ist die Forderung seines wirklichen Glücks.

Karl Marx
(Deutscher Philosoph, 1818–1883)

208

Die erste Wirkung des Glückes ist das Gefühl der Macht.

Friedrich Nietzsche
(Deutscher Philosoph, 1844–1900)

209

Manchmal fühle ich mich morgens wie alle anderen, nämlich nicht unbedingt großartig. Aber dennoch liebe ich die Falten um meine Augen. Es sind Glücksfalten. Sie erzählen meine Geschichte.

Sandrine Bonnaire

(Französische Schauspielerin, geb. 1969)

210

Der Besitz macht uns nicht halb so glücklich, wie uns der Verlust unglücklich macht.

Jean Paul

(Deutscher Schriftsteller, 1763–1825)

211

Nicht in der Erkenntnis liegt das Glück, sondern im Erwerben der Erkenntnis.

Edgar Allan Poe

(Amerikanischer Schriftsteller, 1809–1849)

212

**Lebe, als stürbest du morgen.
Lerne, als lebtest du ewig.**

Mohandas Karamchand Gandhi
(Indischer Politiker, 1869–1948)

213

Erzwungenes Glück ist ein Alptraum.

Amélie Nothomb

(Belgische Schriftstellerin, geb. 1967)

214

**Nichts Kostbares bleibt.
Ein glückliches Leben
ist ein verlorenes Geheimnis.**

Jacques Chardonne
(Französischer Schriftsteller,
1884–1968)

215

Ein freudiges Ereignis wiegt hundert Unglücksmomente auf.

Chinesisches Sprichwort

216

Lächeln ist das Kleingeld des Glücks.

Heinz Rühmann
(Deutscher Schauspieler, 1902–1994)

Ein Augenblick des Glücks ist so viel wert wie tausend Jahre Geschichte.

Voltaire

(Französischer Schriftsteller, 1694–1778)

Das höchste Glück des Menschen ist die Befreiung von der Furcht.

Walther Rathenau

(Deutscher Industrieller und Politiker, 1867–1922)

219

Glücklich ist nicht, wer anderen so vorkommt, sondern wer sich selbst dafür hält.

Seneca d. J.
(Römischer Schriftsteller,
ca. 4 v. Chr.–65 n. Chr.)

220

Ein Mensch schaut
in die Zeit zurück
und sieht: Sein Unglück
war sein Glück.

Eugen Roth
(Deutscher Dichter, 1895–1976)

221

Man müsste die Menschen von dem Glück überzeugen, vor dem sie die Augen verschließen, obwohl sie es genießen.

Montesquieu
(Französischer Schriftsteller und Philosoph, 1689–1755)

222

**Des Menschen Wille,
das ist sein Glück.**

Friedrich Schiller
(Deutscher Schriftsteller,
1759–1805)

Kommt zu einem schmerzlosen
Zustand noch die Abwesenheit
der Langeweile, so ist das irdische
Glück im Wesentlichen erreicht.

Arthur Schopenhauer
(Deutscher Philosoph, 1788–1860)

224

Das größte Glück in der Liebe ist der erste Händedruck mit der Frau, die man liebt.

Stendhal
(Französischer Schriftsteller, 1783–1842)

225

Für eine Biene oder einen Delfin besteht das Glück in der Existenz; für den Menschen darin, dies zu wissen und sich daran zu erfreuen.

Jacques-Yves Cousteau

(Französischer Meeresforscher, 1910–1997)

226

Die Seele der Welt, das ist das Glück aller Menschen zusammen mit allen Planeten, die gemeinsam kreisen.

Anonym

227

Verändere zuerst in dir, was du um dich herum verändern willst.

Mohandas Karamchand Gandhi
(Indischer Politiker, 1869–1948)

228

Willst du glücklich leben, hasse niemanden und überlasse die Zukunft Gott.

Johann Wolfgang von Goethe
(Deutscher Schriftsteller, 1749–1832)

229

Die eigentlichen Geheimnisse auf dem Weg zum Glück sind Entschlossenheit, Anstrengung und Zeit.

Gyatso Tenzin

(14. Dalai Lama, geb. 1935)

230

Unser großer Fehler liegt im Versuch,
von jedem genau die Tugenden zu erwarten,
die er nicht hat, und jene zu missachten,
die er besitzt.

Marguerite Yourcenar
(Französische Schriftstellerin, 1903–1987)

231

Wem es nicht ein Bedürfnis geworden ist, glücklich zu sein, der wird es niemals werden.

Karl Gutzkow
(Deutscher Schriftsteller, 1811–1878)

232

Wie wunderbar, dass ein Wesen für das Glück des anderen geschaffen wurde.

Henrik Ibsen

(Norwegischer Schriftsteller, 1828–1906)

233

Das Glück ist ein Wie, kein Was; ein Talent, kein Objekt.

Hermann Hesse
(Deutscher Schriftsteller,
1877–1962)

234

Anhaltendes Glück macht uns wagemutig.

Charles Perrault
(Französischer Schriftsteller, 1628–1703)

235

Das Elend ist nur der Schatten des Glücks, das Glück nur der Mantel des Elends.

Laotse
(Chinesischer Philosoph,
6. Jh. v. Chr.)

236

Machen Sie Dummheiten, aber tun sie das mit Enthusiasmus!

Colette

(Französische Schriftstellerin, 1873–1954)

237

Glück ist das Ergebnis einer gerechten Tat.

Swami Prajnanpad
(Indischer Geistlicher, 1891–1974)

238

Die meisten Menschen sind so glücklich, wie sie es sich selbst vorgenommen haben.

Abraham Lincoln
(Anwalt und Präsident der USA, 1809–1865)

239

**Formel meines Glücks:
ein Ja, ein Nein, eine gerade
Linie, ein Ziel.**

Friedrich Nietzsche
(Deutscher Philosoph, 1844–1900)

240

Glück ist gut für den Körper, aber Kummer stärkt den Geist.

Marcel Proust

(Französischer Schriftsteller, 1871–1922)

241

Sich einen Moment der Freude zu erkämpfen, zählt mehr, als sich seiner Traurigkeit hinzugeben.

André Gide
(Französischer Schriftsteller, 1869–1951)

242

Aus seiner Arbeit kann man nur begrenzt Glück schöpfen. Man ist sogar umso glücklicher, je weniger man arbeitet.

Scott Adams

(Comiczeichner, geb. 1957)

243

Jedes Neue, auch das Glück, erschreckt.

Friedrich Schiller

(Deutscher Schriftsteller, 1759–1805)

244

Ich habe ein ganzes Leben gebraucht, um zu verstehen, dass das Glück in den kleinen Dingen liegt und nicht in ekstatischen Höhepunkten.

Anaïs Nin

(Amerikanische Schriftstellerin, 1903–1977)

245

Es ist nicht schwer, Menschen zu finden, die mit 60 zehnmal so reich sind, als sie es mit 20 waren. Aber nicht einer von ihnen behauptet, er sei zehnmal so glücklich.

George Bernard Shaw
(Irischer Schriftsteller, 1856–1950)

Was dir fehlt,
suche in dem,
was du hast.

Zen-Weisheit

247

Das Glück ist eine Suche. Man muss sie mit Erfahrung und Fantasie betreiben.

Jean Giono

(Französischer Schriftsteller, 1895–1970)

248

Ich kann leider nur kaufen, was zum Verkauf steht. Ansonsten hätte ich mir schon längst etwas Glück gekauft.

Jean-Paul Getty
(Amerikanischer Industrieller
und Kunstsammler, 1892–1976)

249

Glück ist alles, was die Seele durcheinanderrüttelt.

Arthur Schnitzler
(Österreichischer Schriftsteller, 1862–1931)

250

Du kannst nur sein, was du bist. Entspanne dich! Das Leben braucht dich genau so, wie du bist.

Osho Rajneesh
(Indischer Tantrameister, 1931–1990)

Für die meisten Menschen ist
Glück eine Bedingung.
Aber dem Glück begegnet man nur,
wenn man keine Bedingungen stellt.

Arthur Rubinstein
(Amerikanischer Pianist,
1887–1982)

252

Genuss ist vielleicht nicht Glück, aber er lehrt einen, glücklich zu sein oder es sein zu wollen.

Claude Roy
(Französischer Schriftsteller und Journalist, 1915–1997)

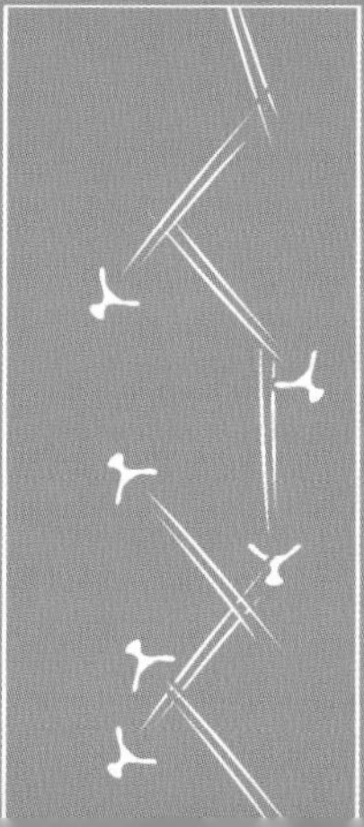

253

Glücklich der Mensch,
glücklich er allein,
Der das Heute ganz
besitzen kann,
Der in sich ruhend
sagen kann: Das Morgen,
sei es noch so schlimm,
Ich hab heut gelebt.

Horaz

(Römischer Dichter, 65–8 v. Chr.)

Bedenke, dass die menschlichen Verhältnisse insgesamt unbeständig sind, dann wirst du im Glück nicht zu fröhlich und im Unglück nicht zu traurig sein.

Sokrates

(Griechischer Philosoph, 469–399 v. Chr.)

255

Das Vergleichen ist das Ende des Glücks und der Anfang der Unzufriedenheit.

Søren Kierkegaard
(Dänischer Theologe
und Philosoph, 1813–1855)

256

Glück ist etwas, das sich vermehrt, wenn man es teilt.

Paulo Coelho
(Brasilianischer Schriftsteller, geb. 1947)

257

Dass Glück aber etwas ganz anderes ist, was nur aus der eigenen Anstrengung, aus dem Innern kommt und überhaupt kein Geld kostet, dass Glück das »Billigste« ist, was es auf der Welt gibt, das ist den Menschen noch nicht aufgegangen.

Erich Fromm
(Deutsch-amerikanischer Psychoanalytiker und Philosoph, 1900–1980)

258

**Die Zukunft ist,
was du aus ihr machst.**

Philippe Delerm
(Französischer Schriftsteller, geb. 1950)

259

Es gibt kein unbedingtes und ungetrübtes Glück, das länger als fünf Minuten dauert.

Theodor Fontane

(Deutscher Schriftsteller, 1819–1898)

260

Das Glück, das einem zufällt, mag man weniger als das selbst erreichte.

Alain

(Französischer Essayist, 1868–1951)

261

Das Glück entflieht uns, wenn wir hinter ihm her rennen. In Wahrheit kommt das Glück von innen.

Mohandas Karamchand Gandhi
(Indischer Politiker, 1869–1948)

262

Willst du immer weiter schweifen?
Sieh das Gute liegt so nah!
Lerne nur das Glück ergreifen,
Denn das Glück ist immer da.

Johann Wolfgang von Goethe
(Deutscher Schriftsteller, 1749–1832)

263

Glück ist etwas, das man geben kann, ohne es zu haben.

Ricarda Huch

(Deutsche Dichterin, 1864–1947)

264

Wer dreimal täglich lächelt, braucht keine Medizin.

Chinesisches Sprichwort

265

Nichts ist dem Glück so hinderlich, wie die Erinnerung daran.

André Gide

(Französischer Schriftsteller, 1869–1951)

266

Kein Bösewicht kann glücklich sein.

Juvenal

(Römischer Satirendichter, ca. 60–127)

267

Wie glücklich viele Menschen wären, wenn sie sich genauso wenig um die Angelegenheiten anderer kümmern würden wie um die eigenen.

Georg Christoph Lichtenberg
(Deutscher Naturforscher und Schriftsteller, 1742–1799)

268

Eine glückliche Erinnerung kann wahrer sein als das Glück.

George Sand

(Französische Schriftstellerin, 1804–1876)

269

Das einzige Glück liegt in der Erwartung des Glücks.

Persisches Sprichwort

270

Glück ist nichts anderes als das Umfangensein, Nachbild der Geborgenheit in der Mutter. Darum kann kein Glücklicher je wissen, dass er es ist. Um das Glück zu sehen, müsste er aus ihm heraustreten: Er wäre wie ein Geborener.

Theodor W. Adorno
(Deutscher Philosoph, 1903–1969)

271

Das letzte Ziel des Menschen ist das Glück.

Thomas von Aquin
(Italienischer Theologe und Philosoph, ca. 1225–1274)

Alle Menschen wollen glücklich sein.

Aristoteles
(Griechischer Philosoph,
384–322 v. Chr.)

273

Völliges Unglück ist genauso unmöglich wie völliges Glück.

Leo Tolstoi

(Russischer Schriftsteller, 1828–1910)

274

Viele Menschen versäumen das kleine Glück, während sie auf das große vergebens warten.

Pearl S. Buck
(Amerikanische Schriftstellerin, 1892–1973)

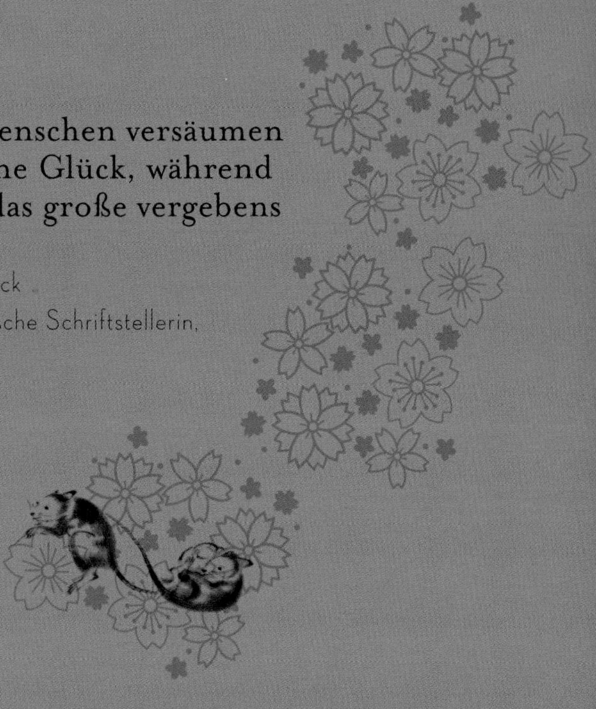

Freude ist der Übergang des Menschen von einer niedrigeren zu einer höheren Vollkommenheit.

Spinoza

(Niederländischer Philosoph, 1632–1677)

276

Das Glück entspringt
aus dem Unglück.
Das Unglück verbirgt sich
im Herzen des Glücks.

Laotse
(Chinesischer Philosoph, 6.–5. Jh. v. Chr.)

277

Viele Dinge erscheinen nur so lange unmöglich, bis man sie versucht hat.

André Gide

(Französischer Schriftsteller, 1869–1951)

Alles Glück ist Unschuld.

Marguerite Yourcenar
(Französische Schriftstellerin, 1903–1987)

279

Das Glück ist der Orgasmus des Wohlbefindens.

Japanisches Sprichwort

280

Glück ist ein Maßanzug. Unglücklich sind meist die, die den Maßanzug eines anderen tragen möchten.

Karl Böhm

(Deutscher Dirigent, 1894–1981)

281

Ja, renn nur nach dem Glück,
doch renne nicht zu sehr,
denn alle rennen nach dem Glück,
das Glück rennt hinterher.

Bertolt Brecht

(Deutscher Schriftsteller, 1898–1956)

Beobachte aufmerksam das Verhalten der Menschen, und du kannst ihre Zukunft, ihr Unglück oder ihr Glück voraussehen.

Laotse

(Chinesischer Philosoph, ca. 570–490 v. Chr.)

283

Das Glück ist blind.

Cicero
(Römischer Redner und
Schriftsteller, 106–43 v. Chr.)

284

Man braucht keine außergewöhnlichen Abenteuer in der Südsee, um ein leidenschaftliches Leben zu führen.

Philippe Delerm

(Französischer Schriftsteller, geb. 1950)

285

**Vergiss nicht, Glück
hängt nicht davon ab,
wer du bist oder was du hast
es hängt nur davon ab,
was du denkst.**

Dale Carnegie
(Amerikanischer Rhetoriklehrer
und Unternehmensberater, 1888–1955)

286

Bei der Begegnung mit einem Menschen macht ein Lächeln drei Viertel des Glücks aus.

Gao Xingjian
(Französischer Schriftsteller, geb. 1949)

287

Der Geist, der sich gewöhnt, seine Freuden aus sich selbst zu schöpfen, ist glücklich.

Demokrit
(Griechischer Philosoph,
470–380 v. Chr.)

288

Wenn wir uns im gegenwärtigen Augenblick einrichten, können wir die Schönheit und Wunder um uns herum wahrnehmen. Wir können glücklich sein, einfach indem wir uns der Dinge vor unseren Augen bewusst sind.

Tich Nhat Hanh

(Vietnamesischer Zenmeister, geb. 1926)

Das Glück beruht oft nur auf dem Entschluss, glücklich zu sein.

Lawrence Durrell

(Britischer Diplomat und Schriftsteller, 1912–1990)

290

Melancholie ist das Glück, traurig zu sein.

Victor Hugo
(Französischer Schriftsteller, 1802–1885)

291

Wohlbefinden entsteht durch Wohltaten.

Chinesisches Sprichwort

292

Denn das Glück auf der Erde besteht aus drei Dingen, welche sind: Sonnenschein, eine Frau und ein Pferd!

Théophile Gautier

(Französischer Schriftsteller, 1811–1872)

293

Vom Standpunkt des täglichen Lebens ohne tiefere Reflexion weiß man aber: man ist da für die anderen Menschen, zunächst für diejenigen, von deren Lächeln und Wohlsein das eigene Glück völlig abhängig ist.

Albert Einstein

(Deutscher Physiker, 1879–1955)

294

Die Quelle allen Unglücks auf der Welt
liegt darin, dass man nur an sich denkt.
Die Quelle allen Glücks auf der Welt
liegt darin, dass man an andere denkt.

Shantideva
(Tibetischer Mönch, 700–800)

295

Wahres Glück besteht nicht darin, dass man bekommt, was man mag. Es kommt aus der Bemühung, Zuneigung zu gewinnen zu dem, was man nicht mag.

Mohandas Karamchand Gandhi
(Indischer Politiker, 1869–1948).

296

Das Glück ist keine einfache Sache. In uns selbst finden wir es nur sehr schwer, außerhalb gar nicht.

Siddharta Gautama, genannt Buddha
(Philosoph und Begründer des Buddhismus, ca. 536–480 v. Chr.)

297

Glück ist kein Geschenk
der Götter – es ist die Frucht
einer inneren Einstellung.

Erich Fromm
(Deutsch-amerikanischer Psychoanalytiker
und Philosoph, 1900–1980)

Das Geheimnis des Glücks
liegt in der Fähigkeit, sich
an der Freude des anderen zu freuen.

Georges Bernanos
(Französischer Schriftsteller,
1888–1948)

299

Jeder Mensch muss seinen Weg erfinden.

Jean Paul Sartre

(Französischer Philosoph, 1905–1980)

300

Glück ist die Erfüllung von Kinderwünschen.

Sigmund Freud
(Psychiater und Begründer der Psychoanalyse, 1856–1939)

Glück ist: das mögen, was man muss, und das dürfen, was man mag.

Henry Ford
(Amerikanischer Großindustrieller, 1863–1947)

302

Glück ist Scharfsinn für Gelegenheiten und die Fähigkeit, sie zu nutzen.

Samuel Goldwyn
(Amerikanischer Filmproduzent, 1884–1974)

303

Erst die Erinnerung muss uns offenbaren
die Gnade, die das Schicksal uns verlieh.
Wir wissen stets nur dass wir glücklich waren,
doch dass wir glücklich sind, wissen wir nie.

Johann Wolfgang von Goethe
(Deutscher Schriftsteller,
1749–1832)

304

Glücklich sind jene, die sich selbst genügen.

Aristoteles
(Griechischer Philosoph, 384–322 v. Chr.)

305

Man sollte nichts ohne ein wenig Begeisterung tun.

Voltaire

(Französischer Schriftsteller, 1694–1778)

306

Das Glück liegt nicht im Streben nach Vollkommenheit, sondern im Ertragen der Unvollkommenheit.

Buddhistische Weisheit

307

Recht als wolle es ihn mit der Nase darauf stoßen, hatte sein Glück ihm diese prächtige Figur in seinen Weg gestellt, dass er sich an sie halte. Aber der Mensch ist zu nichts schwerer zu bringen als zu seinem Glück.

Hermann Hesse

(Deutscher Schriftsteller, 1877–1962)

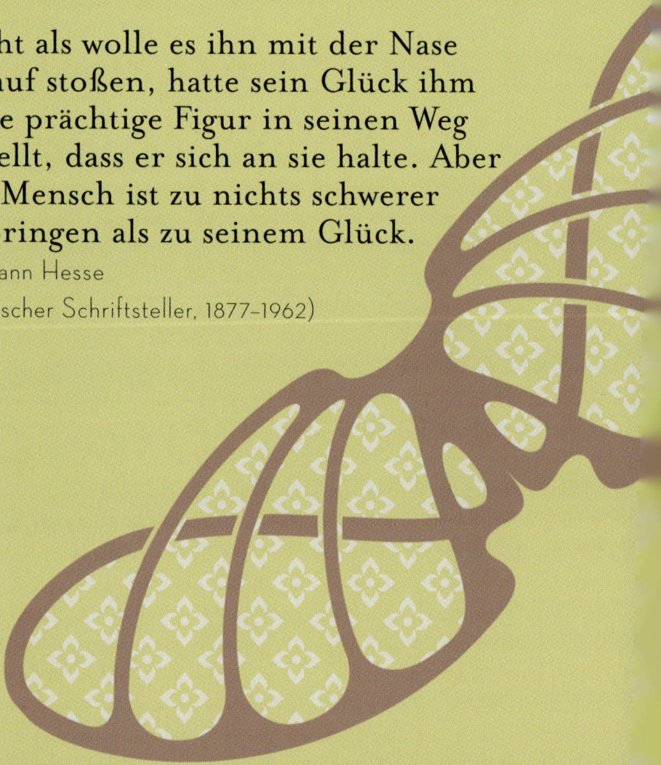

308

**Jeder Tag
ist ein guter Tag.**

Chinesisches Sprichwort

309

Im Bereich der Gefühle gibt es nur ein Gesetz, nämlich den glücklich zu machen, den man liebt.

Stendhal

(Französischer Schriftsteller, 1783–1842)

310

Glück ist das Zusammentreffen von Phantasie und Wirklichkeit.

Alexander Mitscherlich

(Psychologe und Arzt, 1908–1982)

311

Ich betrachte Untätigkeit als das wahre Glück, während die Welt sie als großes Unglück ansieht. Es ist gesagt worden: »Vollkommenes Glück ist das Nichtvorhandensein des Strebens nach Glück; vollkommenes Ansehen ist das Nichtvorhandensein des Strebens nach Ansehen.«

Laotse

(Chinesischer Philosoph, 6.–5. Jh. v. Chr.)

312

Jeder Augenblick bedeutet Glück für den, der ihn als solches betrachten kann.

Henry Miller
(Amerikanischer Schriftsteller, 1891–1980)

313

Die Fähigkeit zum Glücklichsein hat nichts mit dem Intelligenzquotienten zu tun.

Buddhistische Weisheit

314

Das Glück kommt zu denen,
die es erwarten. Nur müssen
sie die Tür auch offen halten.

Thomas Mann

(Deutscher Schriftsteller, 1875–1955)

Die Schönheit ist, wie das Glück, eine häufige Sache. Nicht ein Tag vergeht, an dem wir nicht für einen Augenblick im Paradies leben.

Jorge Luis Borges
(Argentinischer Schriftsteller, 1899–1986)

316

Durch den Genuss nutzt sich unser Glück ab.

Jean Cocteau

(Französischer Schriftsteller, 1889–1963)

317

**Gib niemals deine Träume auf,
denn wenn man es nicht wagt,
sie zu leben,werden die Träume
unmöglich.**

Mündliche Überlieferung aus dem Amazonasgebiet

318

Das Gefühl, glücklich oder unglücklich zu sein, hängt weniger von unserem absoluten Zustand ab, als vielmehr von unserer Wahrnehmung der Situation, von unserer Fähigkeit, mit dem, was wir haben, zufrieden zu sein.

Gyatso Tenzin

(14. Dalai Lama, geb. 1935)

319

Die Glücklichen sind neugierig.

Friedrich Nietzsche
(Deutscher Philosoph, 1844–1900)

320

Das Glück ist eine leichtfertige Person, die sich stark schminkt und von ferne schön ist.

Johann Nepomuk Nestroy
(Österreichischer Schauspieler
und Dramatiker, 1801–1862)

321

Wir suchen unser Glück außerhalb von uns selbst und gar in den Ansichten von Menschen, die uns schmeicheln wollen … Wie seltsam!

Jean de la Bruyère

(Französischer Moralist, 1645–1696)

322

Alles Glück der Welt kommt aus einem altruistischen Herzen und alles Unglück aus der Selbstverliebtheit.

Shantideva

(Tibetischer Mönch, 700–800)

323

Es ist keine Schande, lieber glücklich sein zu wollen.

Albert Camus

(Französischer Schriftsteller, 1913–1960)

Das Glück kommt zu denen, die daran glauben.

Ali Ibn Abu Talib
(Schwiegersohn des Propheten
Mohammed, ca. 600–661)

325

Das Glück findet man nicht durch Willens-anstrengung, sondern ganz nah bei sich, in der Entspannung und der Entsagung.

Lama Guendune
(Tibetischer Mönch, 1918–1997)

326

Schlaf ist das einzige Glück, das man erst genießt, wenn es vorbei ist.

Alfred Polgar

(Österreichischer Schriftsteller, 1873–1955)

327

Wenn ich mit intellektuellen
Freunden spreche, festigt sich
in mir die Überzeugung,
vollkommenes Glück
sei ein unerreichbarer
Wunschtraum. Spreche
ich dagegen mit
meinem Gärtner,
bin ich vom
Gegenteil
überzeugt.

Bertrand Russell
(Britischer Philosoph und
Mathematiker, 1872–1970)

328

Wer in Unglück fällt, verliert sich leicht aus der Erinnerung der Menschen.

Friedrich Schiller

(Deutscher Schriftsteller, 1759–1805)

329

Durch bösen Willen kann man jedes Glück zerstören.

Alain

(Französischer Essayist, 1868–1951)

330

Es stimmt, dass Geld nicht glücklich macht. Allerdings meint man damit das Geld der anderen.

George Bernard Shaw

(Irischer Schriftsteller, 1856–1950)

331

Man sollte sich nicht beklagen: es gibt immer etwas noch Schlimmeres.

Jacques Chardonne

(Französischer Schriftsteller, 1884–1968)

332

Alle Freude, alles Glück,
das wir außen empfinden,
ist eine Widerspiegelung
unseres wahren inneren
Selbst, die dann entsteht,
wenn wir in einer Sache
völlig aufgehen.

Kirpal Singh
(Indischer Geistlicher, 1894–1974)

333

Das einzige Glück, das ich in dieser Welt erlebt habe, ist das Warten.

Jean Giraudoux

(Französischer Schriftsteller, 1882–1944)

334

Die Freude ist wie ein Fluss:
nichts hält sie auf.

Henry Miller

(Amerikanischer Schriftsteller, 1891–1980)

335

Unglücklich sein bedeutet, zu glauben, man sei unglücklich.

Henry de Montherlant
(Französischer Schriftsteller, 1896–1972)

336

Die Frage »Wer bin ich« ist die einzige Methode, allem Elend ein Ende zu setzen und höchste Glückseligkeit einzuleiten.

Shri Ramana Maharshi

(Indischer Guru, 1879–1950)

337

Einen glücklichen Menschen zu finden ist besser als eine Fünfpfundnote. Er ist der Inbegriff strahlender Freundlichkeit, und wenn er den Raum betritt, so scheint es, als wäre eine Kerze angezündet worden.

Robert Louis Stevenson
(Schottischer Schriftsteller, 1850–1894)

338

Das große Glück besteht in einer außerordentlich glücklichen Familie. Der beste Weg, wirkliches Glück im Leben zu erlangen, ist der: Geh aus dir hinaus, ohne Bedachtsamkeit nach allen Seiten, wie eine Spinne; webe ein solides Gewebe aus dem Stoff Liebe und fange darin alles, was du triffst: ein altes Weib, ein Kind, ein Mädchen oder einen Polizisten.

Leo Tolstoi

(Russischer Schriftsteller, 1828–1910)

Wenn ich glücklich bin, bin ich stets gut; aber wenn ich gut bin, bin ich selten glücklich.

Oscar Wilde
(Irischer Schriftsteller, 1854–1900)

340

Das wichtigste im Leben ist die Fähigkeit, eine unangenehme Erfahrung in eine glückliche Erfahrung verwandeln zu können.

Carson McCullers

(Amerikanische Schriftstellerin, 1917–1967)

341

Welchen Mut kann derjenige besitzen, der vor einem Wechsel des Glücks zittert? Der wahre Heldenmut besteht darin, über das Elend des Lebens erhaben zu sein.

Napoleon I. Bonaparte
(Französischer Kaiser, 1769–1821)

342

Nur der ist glücklich, der Glück verbreiten kann.

Paulo Coelho
(Brasilianischer Schriftsteller, geb. 1947)

343

Das Glück ist wie ein
Archipel aus glücklichen
Momenten. Zwischen
den Inselchen verirrt
man sich und ist einsam.

Patrice Lepage

(Französischer Schriftsteller, geb. 1953)

344

Glück ist zu begreifen, wie alles zusammenhängt.

Sten Nadolny
(Deutscher Schriftsteller, geb. 1942)

345

Wenn wir all unser Unglück auf einen gemeinsamen Haufen legten und dann jeder davon einen gleich großen Teil wieder an sich nehmen müsste, so würden die meisten Menschen zufrieden ihr eigenes Unglück zurücknehmen und davongehen.

Sokrates

(Griechischer Philosoph, ca. 470–399 v. Chr.)

346

Das Leben an sich ist eine leere Leinwand. Sie wird zu dem, was man darauf malt. Man kann Elend oder Freude malen. Diese Freiheit ist die Herrlichkeit des Einzelnen.

Osho Rajneesh

(Indischer Tantrameister, 1931–1990)

347

Das Geld der einen hat noch nie das Glück der anderen bewirkt.

Pierre Dac
(Französischer Komiker, 1893–1975)

348

Glück ist vielleicht ein kurzer Moment, in dem ich am See stehe oder an der Klippe und in den Himmel schaue.

Tomi Ungerer
(Französischer Zeichner und Schriftsteller, geb. 1931)

349

Wenn die Menschen Glück kaufen könnten, würden sie es bestimmt eine Nummer zu groß wählen.

Pearl S. Buck
(Amerikanische Schriftstellerin, 1892–1973)

350

Das Glück ist in die Tüchtigen vernarrt.

Persisches Sprichwort

351

Seid selbst Eure Zuflucht.
Seid selbst Euer Licht.

Siddharta Gautama, genannt Buddha
(Philosoph und Begründer des Buddhismus,
ca. 536–480 v. Chr.)

352

Freude ruft Glück herbei, Unzufriedenheit und Missstimmung vertreiben es.

Matsumoto Jitsudo
(Buddhistischer Lehrer)

Wer vom Glück immer nur träumt, darf sich nicht wundern, wenn er es verschläft.

Ernst Deutsch
(Deutscher Schauspieler, 1890–1969)

354

Hoffnungslosigkeit ist der größte aller Irrtümer.

Luc de Clapiers, Marquis de Vauvenargues
(Französischer Moralist, 1715–1747)

355

Das Glück ist manchmal ein Segen, meistens aber ein Sieg.

Paulo Coelho

(Brasilianischer Schriftsteller, geb. 1947)

356

Zur Macht des Glücks bekennen sich nur die Unglücklichen, denn die Glücklichen führen alle ihre Erfolge auf Klugheit und Tüchtigkeit zurück.

Jonathan Swift
(Irischer Schriftsteller,
1667–1745)

357

Glücklich sein bedeutet, beneidet zu werden. Und es gibt immer jemanden, der einen beneidet. Man muss ihn nur finden!

Jules Renard
(Französischer Schriftsteller, 1864–1910)

358

Glück ist, was funktioniert.

Fritz Zorn

(Schweizer Schriftsteller, 1944–1976)

359

Geduld ist der Schlüssel zum Wohlbefinden.

Mohammed
(Islamischer Prophet, 570–632)

360

Gott, was ist Glück! Eine Grießsuppe, eine Schlafstelle und keine körperlichen Schmerzen – das ist schon viel. Das Glück, wenn es mir recht ist, liegt in zweierlei: darin, dass man ganz da steht, wo man hingehört, und zum zweiten und besten in einem behaglichen Abwickeln des ganz Alltäglichen, also darin, dass man ausgeschlafen hat und dass einen die neuen Stiefel nicht drücken. Wenn einem die 720 Minuten eines zwölfstündigen Tages ohne besonderen Ärger vergehen, so lässt sich von einem Tage unter einem glücklichen Stern sprechen.

Theodor Fontane
(Deutscher Schriftsteller, 1819–1898)

Kaum zu glauben, Teufel noch mal, dass man so viele Jahre lang inmitten von Kleinkram und Ärger so glücklich sein kann.

Gabriel Garcia Márquez
(Kolumbianischer Schriftsteller, geb. 1927)

362

Glück ist der Geruch von Kaffee, selten aber sein Geschmack.

Französisches Sprichwort

363

Tatsächlich wären die Menschen glücklicher, wenn man ihnen weniger vom Glück erzählen würde!

Jacques Chardonne
(Französischer Schriftsteller,
1884–1968)

364

Die beste Art, für einen glücklichen Augenblick zu zahlen, ist, ihn zu genießen.

Anonym

365

Sei einen Augenblick lang glücklich. Dieser Augenblick ist dein Leben.

Omar Khayyam

(Persischer Dichter, 1047–1122)

Autoren

In dieser Reihe bisher erschienen:

ISBN 978-3-86873-245-0

ISBN 978-3-86873-182-8

ISBN 978-3-86873-181-1

ISBN 978-3-86873-244-3

ISBN 978-3-86873-316-7

Titel der Originalausgabe: *Une idée de bonheur par jour*
Erschienen bei Éditions du Chêne – Hachette Livre, Frankreich 2008

Deutsche Erstausgabe

Ein Unternehmen der La Martinière Groupe

Satz: VerlagsService Dr. Helmut Neuberger
& Karl Schaumann GmbH, Heimstetten
Druck: L.E.G.O S.p.A., Vicenza
Printed in Italy

ISBN 978-3-86873-317-4

www.knesebeck-verlag.de